ARRIBA

Y

ABAJO

¡DOS LIBROS EN UNO!

ESCRITO POR

Jane Burnard y Tracey Turner

ILUSTRADO POR

Dawn Cooper

Título original: *Up and Down*
Publicado en 2023 por Macmillan Children's Books,
un sello de Pan Macmillan
© Texto e ilustraciones: Raspberry Books Ltd, 2023

Traducción: Begoña Hernández

© Grupo Editorial Bruño, S. L., 2025
Valentín Beato, 21. 28037 Madrid
www.brunolibros.es

Primera edición: mayo 2025

Dirección editorial: Begoña Lozano
Edición: Laura Trueba
Preimpresión: Pablo Pozuelo

ISBN: 978-84-696-4485-0
Depósito legal: M-4341-2025

Printed in Spain

PAPEL DE FIBRA
CERTIFICADA

ARR⬆BA

PARA MIRAR HACIA ABAJO, DALE LA VUELTA AL LIBRO Y EMPIEZA A LEER POR EL OTRO LADO.

ARRIBA * ÍNDICE

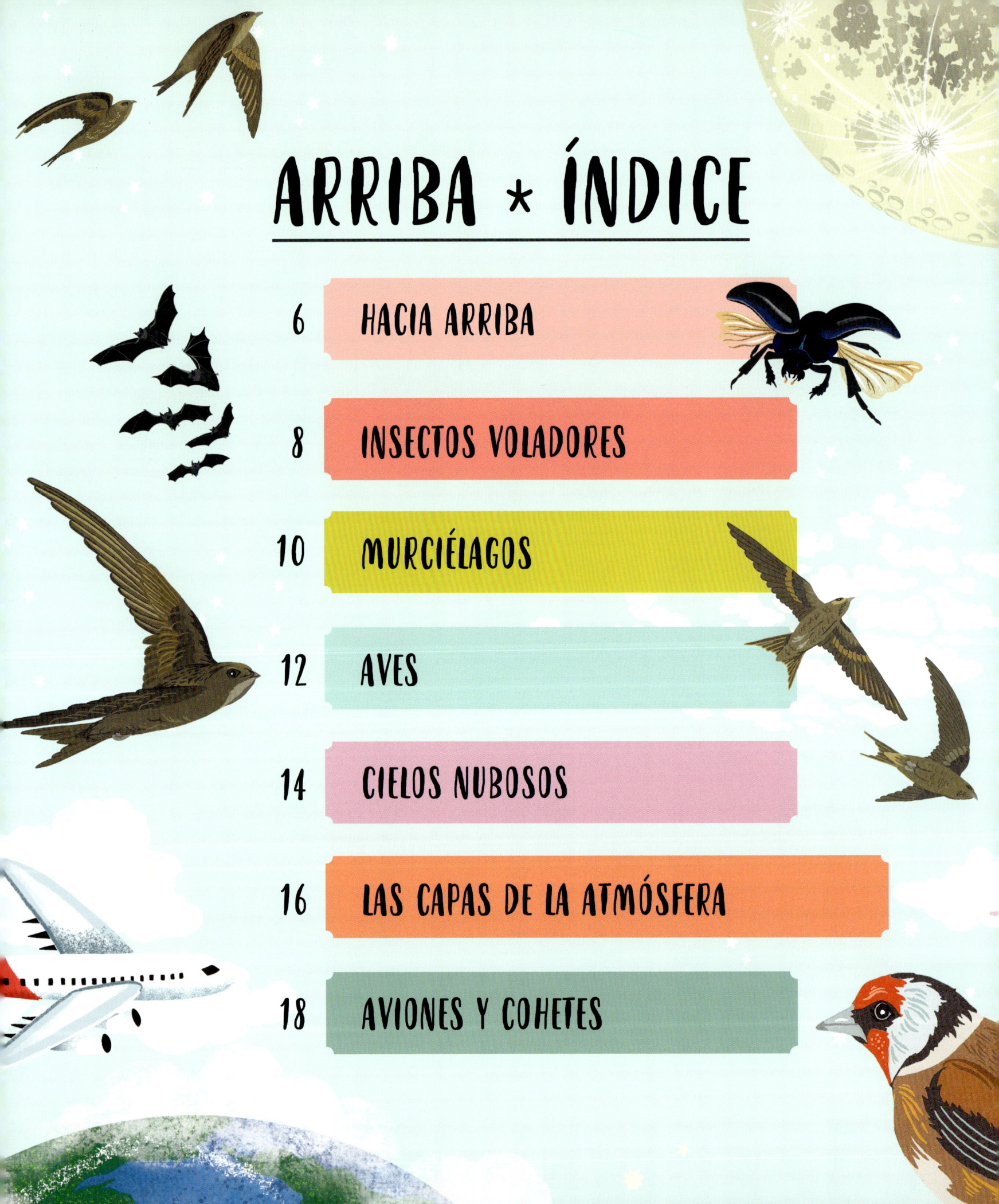

¡PREPÁRATE PARA UN VIAJE ASOMBROSO POR EL CIELO Y MÁS ALLÁ!

Despliega las alas para conocer distintos tipos de pájaros, insectos y murciélagos, y luego vuela pasando por nubes, cumbres de montañas y aviones. Mete un traje espacial en la maleta, porque vamos a salir de la atmósfera terrestre, entre cohetes y satélites, para explorar el sistema solar. Y más arriba todavía, seguiremos más allá de nuestra galaxia, internándonos en lo profundo del universo.

DE CAMINO...

- Volaremos junto al pájaro más rápido del mundo.
- Visitaremos a los astronautas que viven en la Estación Espacial Internacional.
- Tendremos una vista extraordinaria de la Vía Láctea.

**¿A QUÉ ESPERAS?
¡PASA LA PÁGINA Y MIRA
HACIA ARRIBA!**

INSECTOS VOLADORES

Si miras hacia arriba en verano, probablemente verás algún insecto volando. Hay millones de ejemplares diferentes; de hecho, hay más tipos —o especies— de insectos que de todos los demás animales del mundo juntos.

MARIPOSAS MONARCA

Todos los otoños, millones de mariposas monarca emprenden una migración de 4800 kilómetros desde EE. UU. y el sur de Canadá hasta México. Una generación de mariposas vuela hasta México, donde las hembras depositan los huevos. El viaje de vuelta lo llevan a cabo varias generaciones posteriores. De algún modo, saben adónde tienen que ir, aunque algunas mariposas no hayan iniciado el trayecto y otras no vayan a terminarlo.

LIBÉLULAS

Las libélulas existen desde hace **300 millones de años**, muchísimo antes incluso de que los dinosaurios pisaran la Tierra. Son acróbatas del aire: además de volar hacia delante, arriba, abajo y de un lado a otro, son los únicos insectos capaces de **volar hacia atrás**.

LIBÉLULAS

ESCARABAJOS

Empleando los detectores de olor de sus antenas, el escarabajo pelotero nocturno africano vuela en medio de la noche hacia los excrementos recientes de animales. Con ellos forma una bola de caca, que luego entierra como reserva de comida para que puedan alimentarse sus crías. Después usa las estrellas para guiarse y encontrar el camino de vuelta a casa.

ESCARABAJO

INSECTOS DE ENJAMBRE

En ocasiones, los insectos vuelan juntos formando un grupo o un enjambre.

Cuando una colmena está superpoblada, las abejas melíferas se agrupan en enjambres de miles y se reúnen en los árboles antes de volar en busca de una nueva colmena.

ABEJAS MELÍFERAS

MARIPOSAS MONARCA

Las langostas vuelan en nubes oscuras formadas por miles de millones de ejemplares. Por eso pueden ser dañinas para los agricultores: al alimentarse, causan estragos en las cosechas.

MARIQUITA

LANGOSTAS

CRISOPA

CHINCHE VERDE

MURCIÉLAGOS

Los murciélagos son los únicos mamíferos voladores del mundo. Puedes verlos revolotear al ponerse el sol, atrapando insectos para alimentarse. Hay cientos de clases diferentes de murciélagos. Suponen un quinto de todas las especies de mamíferos.

MURCIÉLAGO MORENO

ECOLOCALIZACIÓN

Algunos murciélagos utilizan la ecolocalización para percibir el mundo que los rodea. Emiten **sonidos muy agudos** y esperan a captar el eco que producen al rebotar contra los objetos. Así conforman un «mapa» del entorno. Este recurso es tan útil para ellos como la vista para nosotros. Muchos murciélagos tienen **grandes orejas** que los ayudan a percibir los ecos.

ZORRO VOLADOR FILIPINO

MURCIÉLAGOS FRUGÍVOROS

En vez de utilizar la ecolocalización, los murciélagos que comen fruta tienen los **ojos más grandes** y pueden ver con poca luz. Entre ellos se incluyen las especies de murciélagos de mayor tamaño. Uno de los más grandes es el zorro volador filipino, que mide hasta **1,70 metros** de ala a ala.

EL SUEÑO DE LOS MURCIÉLAGOS

Durante el día, los murciélagos **duermen en lugares oscuros**, como cuevas, edificios abandonados o debajo de puentes. Como no pueden echarse a volar desde el suelo, **se cuelgan bocabajo** para dormir, listos para salir volando si se sienten en peligro. Sus garras los mantienen bien sujetos y seguros mientras están colgados, por lo que pueden relajarse y dormir.

NICTÉRIDOS

MILLONES DE AÑOS DE EVOLUCIÓN HAN TRANSFORMADO UNA PATA Y UNA ZARPA EN UN ALA, ¿LO VES?

ZORRO VOLADOR DE CABEZA GRIS

AVES

Hay miles de tipos de aves volando por el cielo: desde el colibrí más diminuto hasta el gran albatros de altos vuelos. ¡Incluso se ha visto a algunas aves volando por encima de la montaña más alta del mundo!

BUITRE MOTEADO

El buitre moteado sobrevuela las praderas, los bosques y las montañas del África central mientras busca comida en el suelo, que queda mucho más abajo. Se lo ha visto volando a **11 300 metros** de altura, lo que lo convierte en el ave que vuela a **mayor altitud** del mundo.

ALBATROS

Un albatros en vuelo surca los cielos casi sin posarse en tierra. **Apenas necesita batir las alas**, que miden **3 metros** de una punta a otra, porque aprovecha las corrientes de aire para deslizarse por encima del océano Antártico.

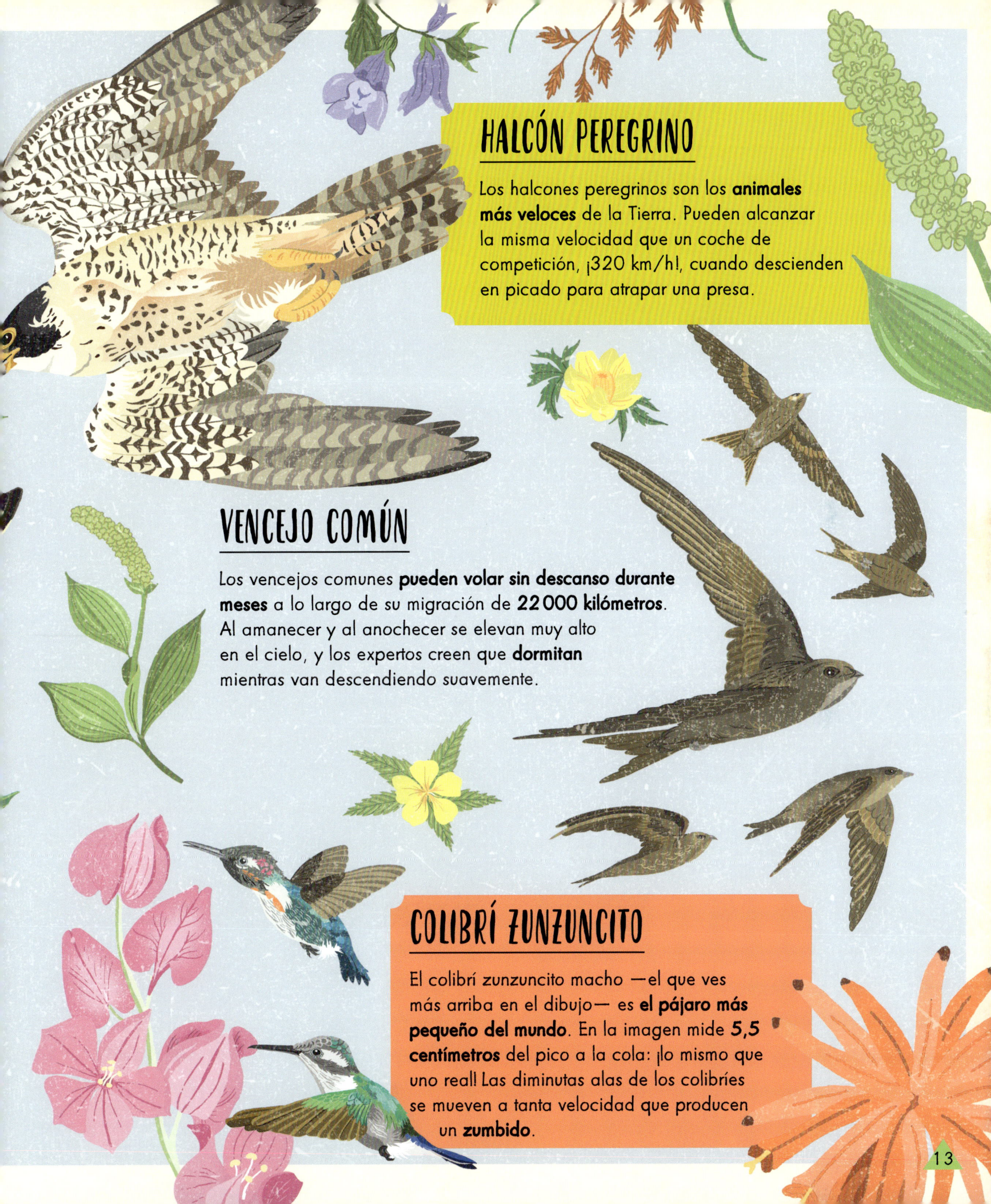

HALCÓN PEREGRINO

Los halcones peregrinos son los **animales más veloces** de la Tierra. Pueden alcanzar la misma velocidad que un coche de competición, ¡320 km/h!, cuando descienden en picado para atrapar una presa.

VENCEJO COMÚN

Los vencejos comunes **pueden volar sin descanso durante meses** a lo largo de su migración de **22 000 kilómetros**. Al amanecer y al anochecer se elevan muy alto en el cielo, y los expertos creen que **dormitan** mientras van descendiendo suavemente.

COLIBRÍ ZUNZUNCITO

El colibrí zunzuncito macho —el que ves más arriba en el dibujo— es **el pájaro más pequeño del mundo**. En la imagen mide **5,5 centímetros** del pico a la cola: ¡lo mismo que uno real! Las diminutas alas de los colibríes se mueven a tanta velocidad que producen un **zumbido**.

CIELOS NUBOSOS

El aire húmedo asciende, se enfría y forma nubes,
que tienen diferentes formas y tamaños. Están
compuestas por gotitas de agua o cristales
de hielo, y no siempre permanecen en lo alto:
a veces caen sobre nosotros en forma
de lluvia o nieve.

CUMULONIMBOS

La parte superior de un cumulonimbo
puede alcanzar una gran altura, entre
2 y 13 kilómetros por encima del
suelo. Estas nubes pueden ser la señal
de que se avecina una tormenta.

Los **estratos,** los **cúmulos** y los **estratocúmulos** son las nubes
más bajas, a menos de 2 kilómetros de la superficie de la Tierra.
Los cúmulos son blancos y esponjosos, y los estratos
cubren el cielo como una gruesa manta gris.

CÚMULOS

ESTRATOCÚMULOS

CIRROS

Con una altura de **hasta 12 kilómetros**, los cirros son finos y están formados por cristales de hielo. A menudo indican que el tiempo está a punto de cambiar.

ALTOCIRROS

Las nubes altocirros y altocúmulos se forman un poco más cerca del suelo, a no más de **7 kilómetros del suelo**.

ESTRATOS

ALTOCÚMULOS

LAS CAPAS
DE LA ATMÓSFERA

Aunque mires el cielo, no podrás ver la atmósfera; pero si no estuviera ahí, nuestro mundo solo sería una esfera rocosa e inerte girando alrededor del Sol. Los científicos dividen la atmósfera en distintas capas.

EXOSFERA

La exosfera es la capa más externa de nuestra atmósfera. Además de los gases que suelen encontrarse en el aire, esta finísima capa contiene también **hidrógeno y helio**.

TERMOSFERA

Esta capa está extremadamente caliente porque absorbe la energía que va del Sol a la Tierra: ¡puede alcanzar los **1926 °C**! Los satélites que orbitan más cerca de la Tierra están en la termosfera; uno de ellos es la **Estación Espacial Internacional**.

10000 km

500 km

MESOSFERA

El aire en la mesosfera es muy escaso. A pesar de ello, es suficiente para **hacer arder muchos meteoritos** que se precipitan hacia la Tierra desde la termosfera. A veces estos meteoritos se pueden ver en el cielo en forma de **estrellas fugaces.**

ESTRATOSFERA

Por encima de la **troposfera** y de las nubes está la **estratosfera**, por donde vuelan algunos aviones. Es una capa más cálida debido al ozono, una forma de gas poco común que absorbe la radiación ultravioleta del Sol, la cual puede dañar nuestra piel.

TROPOSFERA

Esta es la capa más cercana a la Tierra, **donde viven los animales y las plantas.** Aquí se forman las nubes, que producen lluvia y nieve. Alrededor de tres cuartas partes de todo el aire de la atmósfera se encuentra en esta capa. En las superiores, los **gases** que componen el aire se vuelven más y más **escasos.**

85 km ←

50 km ←

14,5 km

AVIONES Y COHETES

Desde 1903, año en el que voló el primer avión, el ser humano ha estado viajando por el cielo en aviones y cohetes.

ALTITUD DE VUELO: 384 400 KM

ALTITUD DE VUELO: 169 KM

¡El nuevo sistema de lanzamiento espacial de la NASA podría volver a llevar un cohete con tripulantes a la Luna muy pronto!

Los motores de los cohetes tienen que usar muchísima energía para llegar desde tierra firme a la atmósfera. El primer cohete con tripulación humana que orbitó alrededor de la Tierra fue el **VOSTOK 8K72K** en **1961**; en él viajaba el astronauta Yuri Gagarin. Ocho años más tarde, el cohete **Saturno V llevó hasta la Luna a la tripulación del Apolo 11.**

CÁPSULA ESPACIAL DEL VOSTOK

ALTITUD DE VUELO: 18,2 KM

La mayor parte de los aviones de pasajeros vuelan a una altura de entre 9 y 13 kilómetros.

El **CONCORDE** volaba más alto y más rápido que ningún otro avión de pasajeros. Al despegar y al aterrizar, ¡el morro del avión se inclinaba hacia abajo para que los pilotos pudieran ver adónde iban!

El primer avión fabricado en serie fue el **MESSERSCHMITT ME 262**, que se usó en Alemania como avión de combate y bombardero durante la Segunda Guerra Mundial.

ALTITUD DE VUELO: 9000 M

Dieciséis años después del vuelo de los hermanos Wright, el capitán John Alcock y el teniente Arthur Whitten Brown se convirtieron en las primeras personas en volar, sin escalas, desde Canadá a Irlanda. Se estrellaron en un pantano, pero no sufrieron daños.

ALTITUD DE VUELO: 11,5 KM

Los aviones consumen mucho combustible, que libera gases de efecto invernadero y que aceleran el cambio climático. Por esa razón, están tratando de crear aviones con energía eléctrica. En 2016, el **SOLAR IMPULSE 2** dio la vuelta al mundo usando energía solar.

ALTITUD DE VUELO: 61 M

En 1903, el **FLYER 1** de los hermanos Wright realizó el primer vuelo dirigible del mundo. ¡Solo duró 12 segundos y voló muy cerca del suelo!

SATÉLITES

Los satélites son objetos que orbitan alrededor de planetas y estrellas. La Luna es el satélite natural de la Tierra, y la Tierra, un satélite natural del Sol. Pero hay muchos más satélites, los creados por el ser humano, que giran alrededor de nuestro planeta. Si miras hacia arriba en una noche despejada, quizá veas alguno.

Para permanecer en órbita, un satélite debe equilibrar la atracción de la gravedad terrestre con la velocidad a la que se mueve, que puede alcanzar hasta los 28 000 km/h. La mayoría de los satélites orbitan alrededor de la Tierra a unos 2000 kilómetros de altura.

SPUTNIK 1

En 1957, se lanzó al espacio el Sputnik 1, que fue **el primer satélite** creado por el ser humano. Desde entonces, se han lanzado miles más.

ESTACIÓN ESPACIAL INTERNACIONAL

Con el tamaño de un estadio de fútbol y un peso de 420 toneladas, la Estación Espacial Internacional (EEI) es el satélite más grande creado por el ser humano. Los astronautas llevan a cabo experimentos en la nave, donde no hay gravedad, y pueden vivir allí arriba durante meses.

Los paneles solares suministran energía y se mueven para atrapar la luz del Sol.

Las cámaras de los satélites e instrumentos científicos recogen información sobre la Tierra y el universo. Facilitan las comunicaciones y la navegación, toman fotografías del espacio y recopilan datos sobre el tiempo para los meteorólogos.

BASURA ESPACIAL

Por el espacio también vuelan a toda velocidad millones de pedazos de **antiguos satélites y cohetes**, escamas de pintura y trozos de plástico, y también orbitan alrededor de la Tierra. A esto lo llamamos **«basura espacial»**: incluso los trocitos diminutos pueden dañar gravemente los satélites funcionales.

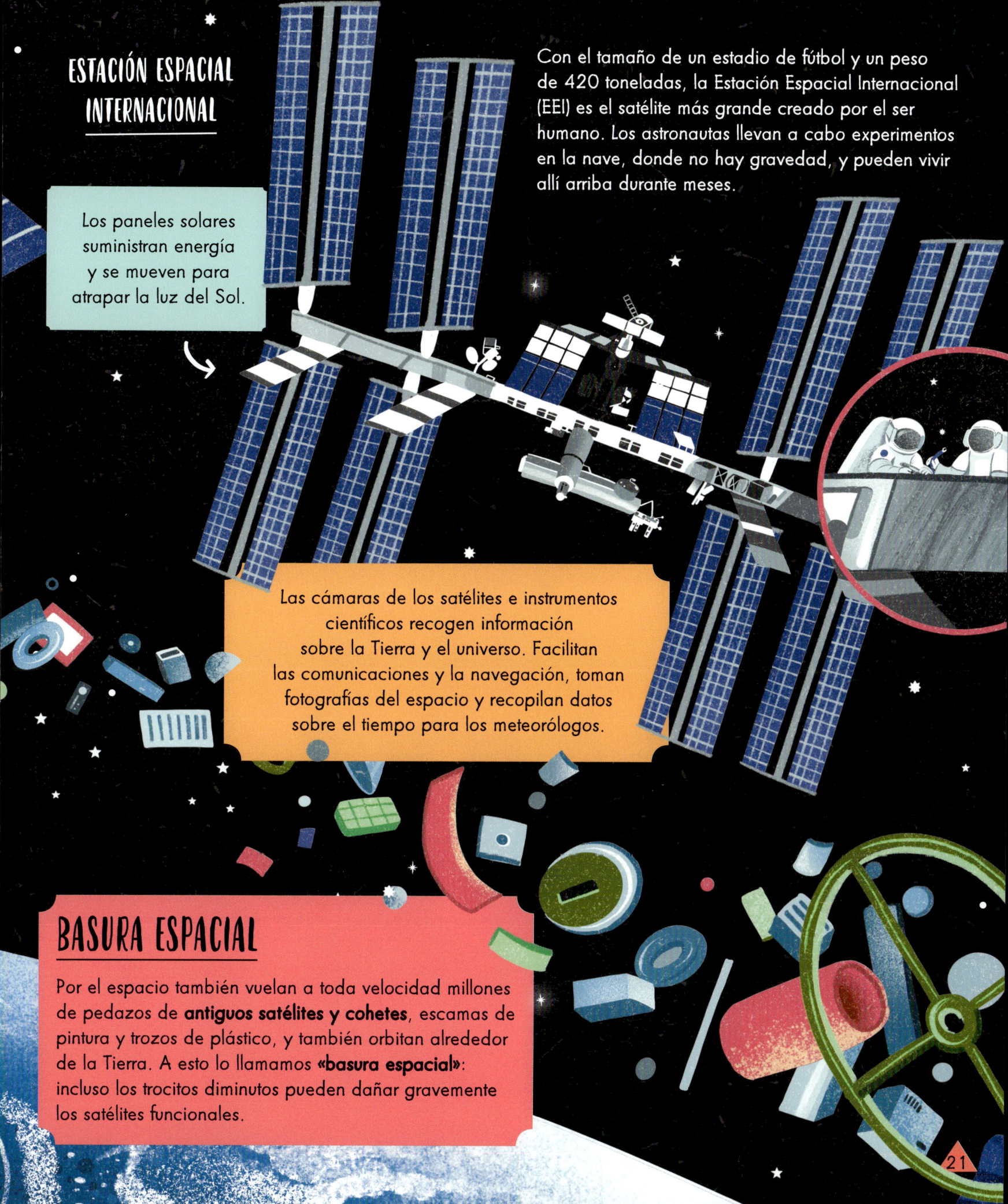

LA LUNA

Si miras al cielo en una noche despejada, es probable que veas la esfera rocosa y cubierta de cráteres a la que llamamos Luna. Su pálido resplandor es un reflejo de la luz del Sol. La Luna es el único satélite natural de la Tierra, y lleva ahí miles de millones de años.

LAS FASES DE LA LUNA

Según **la Luna va girando alrededor de la Tierra**, es iluminada por el Sol en distintas partes; por eso parece que su forma cambia.

LUNA CRECIENTE

CUARTO CRECIENTE

LUNA GIBOSA CRECIENTE

La Luna tarda **27,3 días** en completar su órbita alrededor de la Tierra. Pero necesita un poco más que eso para pasar por todas sus fases, **29,5 días**, que es lo que se conoce como un **mes lunar**.

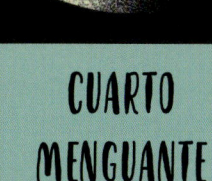

LUNA MENGUANTE

3476 KM

(más o menos un cuarto del diámetro de la Tierra)

LUNA LLENA

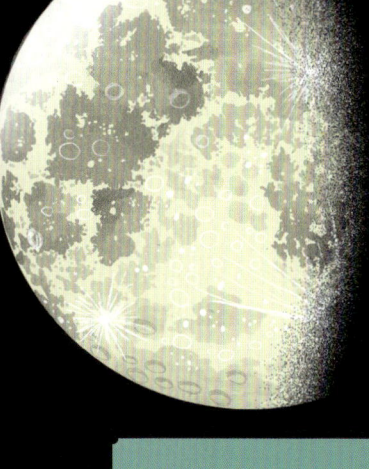

LUNA GIBOSA MENGUANTE

CUARTO MENGUANTE

El tiempo que le cuesta a la Luna girar sobre su eje es el mismo que le cuesta dar una vuelta alrededor de la Tierra. Eso significa que siempre mira hacia la Tierra del mismo lado, y que solo podemos ver una de las caras de la Luna.

EL SOL

Gracias al Sol tenemos luz y calor,
además de días, noches y estaciones.
Es la estrella más cercana a la Tierra,
a unos 148 millones de kilómetros.
Al igual que las demás estrellas, el Sol brilla
y emite calor porque es una gigantesca
esfera de gas muy, muy caliente.

No mires nunca
directamente al Sol,
ni siquiera cuando
esté nublado; podrías
dañarte la vista.

LAS ESTACIONES

La Tierra gira sobre un eje un poco inclinado. Este eje es una línea imaginaria que atraviesa el Polo Norte y el Polo Sur. Gracias a esa inclinación, tenemos estaciones: en distintos momentos del año, distintas partes del planeta reciben los rayos del Sol más directamente.

Cuando el Polo Norte está inclinado hacia el Sol, es verano en el hemisferio norte e invierno en el hemisferio sur.

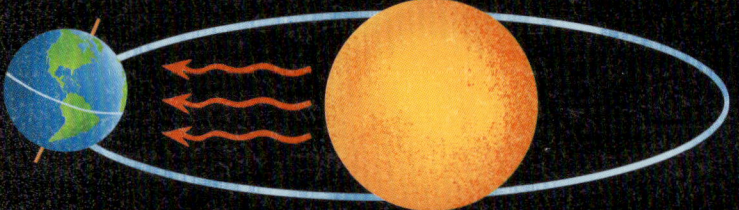

Cuando el Polo Sur está inclinado hacia el Sol, es verano en el hemisferio sur e invierno en el hemisferio norte.

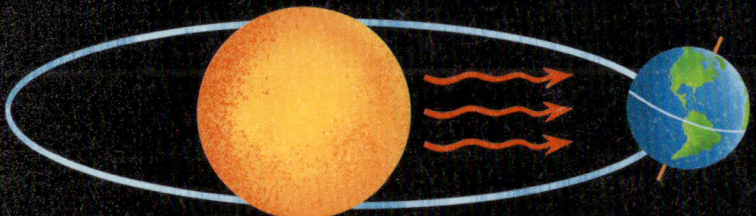

DÍA Y NOCHE

La Tierra gira sobre su eje y da una vuelta completa cada 24 horas: un día. En la parte de la Tierra que mira al Sol, será de día; en la parte que no mira al Sol, será de noche.

EL SISTEMA SOLAR

Hace unos 4500 millones de años, una gigantesca nube de gas y polvo formó una estrella y ocho planetas a su alrededor: nuestro sistema solar. Cinco de los planetas de nuestro sistema solar (Mercurio, Venus, Marte, Júpiter y Saturno) son visibles, en ocasiones, sin necesidad de un telescopio. Reflejan la luz del Sol, y a menudo se los confunde con estrellas.

Mercurio, Venus, la Tierra y Marte son los llamados **planetas terrestres**, porque tienen, en general, una superficie sólida y rocosa.

MARTE podría haber **albergado vida** hace miles de millones de años.

MERCURIO es el planeta **más pequeño** y el **más cercano** al Sol.

La densa capa de nubes de **VENUS** impide que el calor del Sol se escape, lo que lo convierte en el planeta más **cálido**: la temperatura alcanza los **464 °C**.

La **TIERRA** se encuentra a una distancia ideal del Sol para que su superficie acuosa permita que haya vida.

JÚPITER es tan grande que todos los demás planetas cabrían en él... **¡dos veces y media!**

Entre Marte y Júpiter hay un cinturón de asteroides que orbita alrededor del Sol. Contiene rocas y polvo, y también el planeta enano **CERES**.

Júpiter, Saturno, Urano y Neptuno son mucho **más grandes**, están formados sobre todo por gas y tienen un núcleo sólido. A su alrededor orbitan múltiples lunas y anillos planetarios.

Los anillos de **SATURNO** tienen unos 274 000 kilómetros de ancho, pero solo **100 metros** de grosor.

NEPTUNO es el planeta más remoto del sistema solar: se encuentra a 4500 millones de kilómetros del Sol. Allí, la temperatura puede descender hasta los −214 °C.

URANO gira de lado.

COMETA

En el helado **CINTURÓN DE KUIPER** dan vueltas asteroides y planetas enanos, como **PLUTÓN**.

NO HAY ESPACIO PARA MOSTRAR A ESCALA LAS DISTANCIAS ENTRE LOS PLANETAS. PARA HACERLO, ESTE LIBRO DEBERÍA TENER ¡UN KILÓMETRO DE ANCHO!

La **NUBE DE OORT** es una extensa masa de **restos helados**. Es la frontera de nuestro sistema solar.

LAS CONSTELACIONES

Las constelaciones son patrones que formamos al ver grupos de estrellas brillantes en el cielo nocturno. Desde la primera vez que el ser humano miró el firmamento, se han contado historias sobre ellas y se han usado para guiarse. Hay 88 constelaciones en total. Según su forma, han recibido nombres relacionados con animales, objetos o personajes mitológicos.

LA ESTRELLA POLAR

Polaris, o también la estrella polar, se encuentra en la constelación de la Osa Menor. Nos muestra la posición del Polo Norte.

OSA MENOR

OSA MAYOR
EL CARRO MAYOR

LA CRUZ DEL SUR

Algunas constelaciones solo se pueden ver en el **hemisferio norte** (la mitad de la Tierra que está al norte del ecuador); otras solo pueden verse en el **hemisferio sur** (la mitad de la Tierra al sur del ecuador). Como esas constelaciones no parecen moverse mucho, se han **utilizado** durante milenios como guías **para navegar**.

LA CRUZ DEL SUR, CRUX AUSTRALIS, APARECE CERCA DEL POLO SUR.

Como la Tierra gira alrededor del Sol, muchas constelaciones también parecen moverse. A lo largo del año se pueden ver distintas constelaciones.

La mano solo incluye algunas de las estrellas de la constelación.

ORIÓN

Las diferentes culturas en distintas partes del mundo tienen sus propios nombres para las constelaciones. A lo que nosotros llamamos Orión, o **el Cazador**, los nativos americanos lakotas lo ven como una **mano gigante**; los hindús, como la **cabeza de un ciervo**, y los chinos, como un **tigre blanco**. Pero hace miles de años, ¡muchísima gente de todo el mundo compartía la idea de que **la Osa Mayor era un gran oso**!

LA VÍA LÁCTEA

Nuestro sistema solar es solo una pequeñísima parte de una galaxia mucho mayor. Desde la Tierra, a veces se ve como una franja blanca a través del cielo nocturno; por eso, los romanos la llamaron «Vía Láctea».

ESTRELLAS

La Vía Láctea es una galaxia espiral barrada: un gigantesco disco de más de **100 000 millones de estrellas**, con brazos que se abren hacia fuera desde un centro muy denso y brillante. Tiene un diámetro de **1 900 000** billones de kilómetros. Se tardaría **200 000 años** en cruzarla viajando a la velocidad de la luz, lo que implica una distancia de **200 000 años luz**. Todas las estrellas de la Vía Láctea, incluyendo nuestro Sol, dan vueltas alrededor del núcleo de la galaxia.

NEBULOSAS

Además de estrellas y planetas, la galaxia está llena de **nebulosas**: nubes formadas por gas y polvo.

La **nebulosa del Cangrejo** es lo que queda de una estrella inmensa que terminó su vida con una **enorme explosión**.

TÚ ESTÁS AQUÍ

NEBULOSA DEL CANGREJO

AGUJERO NEGRO SUPERMASIVO

Las estrellas se apelotonan en el centro de la Vía Láctea porque orbitan alrededor de lo que se cree que es un **agujero negro supermasivo**. Allí la gravedad es tan fuerte que nada de lo que cae en él, incluida la luz, puede salir.

NUESTRO SISTEMA SOLAR

LA NEBULOSA DE ORIÓN

La **nebulosa de Orión** es una **incubadora estelar**. En ella se forman brillantes estrellas nuevas a partir de **nubes de polvo** y de **gas supercaliente**. Algunas apenas tienen unos pocos **cientos de miles de años**; para una estrella, ¡eso es muy poco tiempo!

EL UNIVERSO

El universo contiene todo lo que conocemos y también muchas más cosas que desconocemos. Desde la Tierra, podemos ver una pequeña parte de él con telescopios espaciales, pero la mayoría seguirá siendo un misterio para siempre.

EL BIG BANG

Los científicos creen que el universo se originó con un **gran estallido**, o Big Bang, hace **13 800 millones de años**, cuando un punto minúsculo y extremadamente caliente y denso se expandió de repente hacia fuera. Cientos de millones de años más tarde, se formaron **las estrellas y las galaxias**.

Nadie sabe lo **grande** que es el universo. Y, aunque se inventara un supertelescopio megapotente, no podríamos verlo en su totalidad. Solo podríamos ver el universo hasta una distancia de **13 800 millones de años luz** a la redonda, porque la luz más allá aún **no ha tenido tiempo de llegar** hasta nosotros desde que surgió el universo.

Además de nuestra propia galaxia, la Vía Láctea, los científicos creen que en el universo hay al menos dos billones de galaxias más (un billón es un millón de millones), y al menos un cuatrillón de estrellas: ¡eso sería un 1 seguido de 24 ceros! Y eso solo en la parte del universo que podríamos ver si tuviéramos un telescopio lo bastante potente.

MATERIA Y ENERGÍA OSCURAS

Las galaxias son solo una parte diminuta (menos de un uno por ciento) de todo lo que hay en el universo. Los científicos creen que casi todo el universo está hecho de **«materia oscura»** y **«energía oscura»**. Nadie sabe qué son todavía.

EL TELESCOPIO ESPACIAL JAMES WEBB

El telescopio espacial James Webb utiliza unos espejos gigantescos y recubiertos de oro para ver qué aspecto tenía nuestro universo **200 millones de años** después del Big Bang.

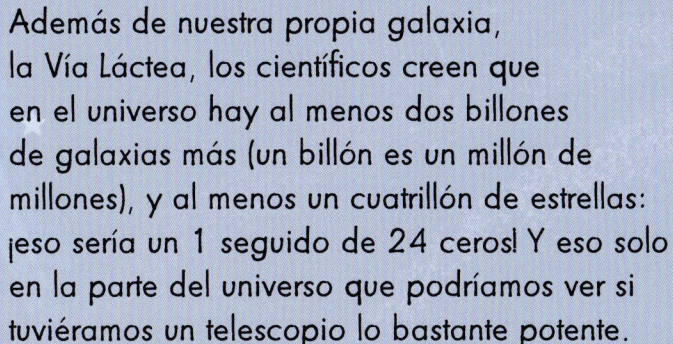

¡AHORA DALE LA VUELTA AL LIBRO Y MIRA LO QUE HAY ABAJO!

ABAJO

PARA MIRAR HACIA ARRIBA, DALE LA VUELTA AL LIBRO Y EMPIEZA A LEER POR EL OTRO LADO.

ABAJO * ÍNDICE

HACIA

ABAJO

¡PREPÁRATE PARA UN VIAJE ASOMBROSO
MÁS ALLÁ DEL SUELO BAJO NUESTROS PIES!

Viajaremos por debajo de una ciudad y a través de hogares
subterráneos de animales. Nos adentraremos en cuevas oscuras
y profundas, volcanes en erupción y respiraderos submarinos
supercalientes, y conocerás a los gusanos de tubo gigantes
y a los cangrejos yeti. Al final llegarás hasta el mismísimo núcleo
del planeta, donde hace casi tanto calor como en la superficie del
Sol, y que supone la clave de la vida en la Tierra.

DE CAMINO...

- Esquivaremos enormes bombas volcánicas.
- Conoceremos a un tiranosaurio llamado Scotty.
- Nos sumergiremos en lo más profundo del océano.

¿A QUÉ ESPERAS?
¡PASA LA PÁGINA
Y MIRA HACIA ABAJO!

Los milpiés, ácaros y colémbolos digieren plantas muertas.

COLÉMBOLOS

ÁCAROS

MILPIÉS

EL SUELO

Quizá el suelo te parezca una cosa marrón y aburrida, pero es esencial para que las plantas vivan. Sin él, no podríamos cultivar ningún alimento, y toda la vida en la Tierra se extinguiría en poco tiempo.

Además de arena, arcilla, sedimentos y agua, el suelo contiene material orgánico, como hojas caídas, animales muertos y excrementos. El material orgánico tiene que descomponerse para que las plantas puedan aprovecharlo, y de eso se encargan miles de millones de organismos vivos, que trabajan como pequeños jardineros.

Bajo las setas y los hongos que salen a la superficie hay una maraña de «raíces» que se llama micelio y que **descompone la materia orgánica más dura**. Pueden acabar con árboles caídos y con huesos.

SETAS

BABOSA

Miles de millones de **bacterias** y otras formas de vida simple descomponen la materia orgánica y **liberan sus elementos** en el suelo y en la atmósfera.

Al moverse, los gusanos hacen que las hojas muertas se metan en la tierra, y sus excrementos son un fertilizante maravilloso.

Los gusanos, las babosas y otras criaturas minúsculas, como los colémbolos, hacen agujeros que introducen algo muy valioso en la tierra: aire y agua. Además, los agujeros también ayudan a drenar mejor el suelo cuando está demasiado mojado.

Los ciempiés, los escarabajos y las hormigas son depredadores terrestres.

CIEMPIÉS

Los erizos y los mirlos revuelven la capa superior del suelo mientras buscan gusanos y escarabajos entre las hojas.

LAS RAÍCES

La mayor parte de las plantas tienen raíces que sirven para absorber agua, nutrientes y oxígeno de la tierra, y para agarrarse bien al suelo. Pero algunas plantas utilizan las raíces de formas distintas.

PELOS RADICULARES

Las raíces más delgadas y finas (llamadas raíces o pelos radiculares) son las más eficientes para absorber el agua y los minerales que las plantas necesitan para crecer.

RAÍCES PRIMARIAS

El rábano blanco tiene una raíz larga y gruesa llamada raíz primaria, como las zanahorias. Las raíces primarias están llenas de **carbohidratos y azúcares,** lo que las vuelve muy sabrosas.

BAMBÚ

El bambú se multiplica rápidamente produciendo nuevos brotes de raíces con varias yemas o rizomas. El jengibre es un **rizoma** comestible.

RIZOMA

JENGIBRE

MAÍZ DULCE

RÁBANO BLANCO

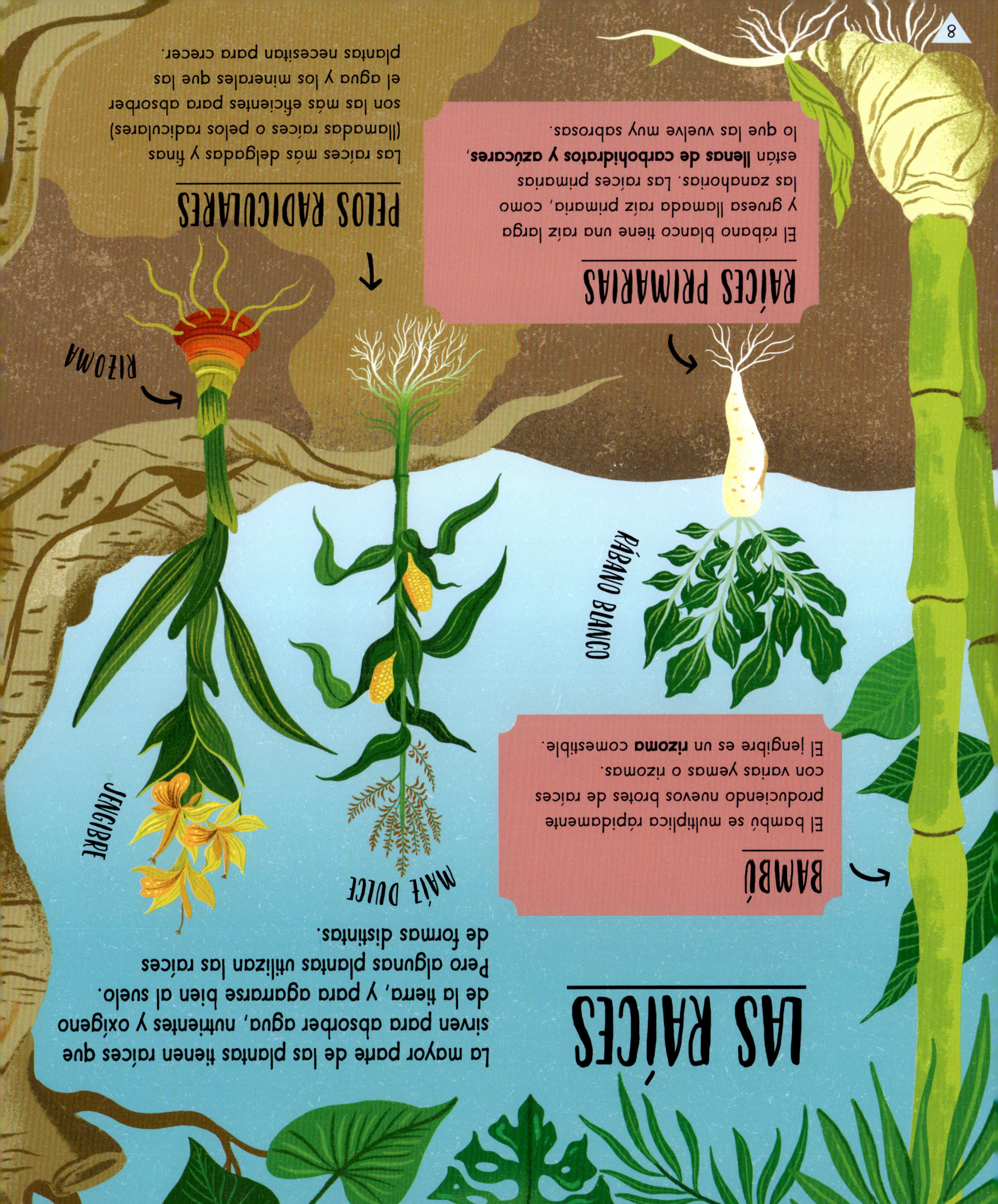

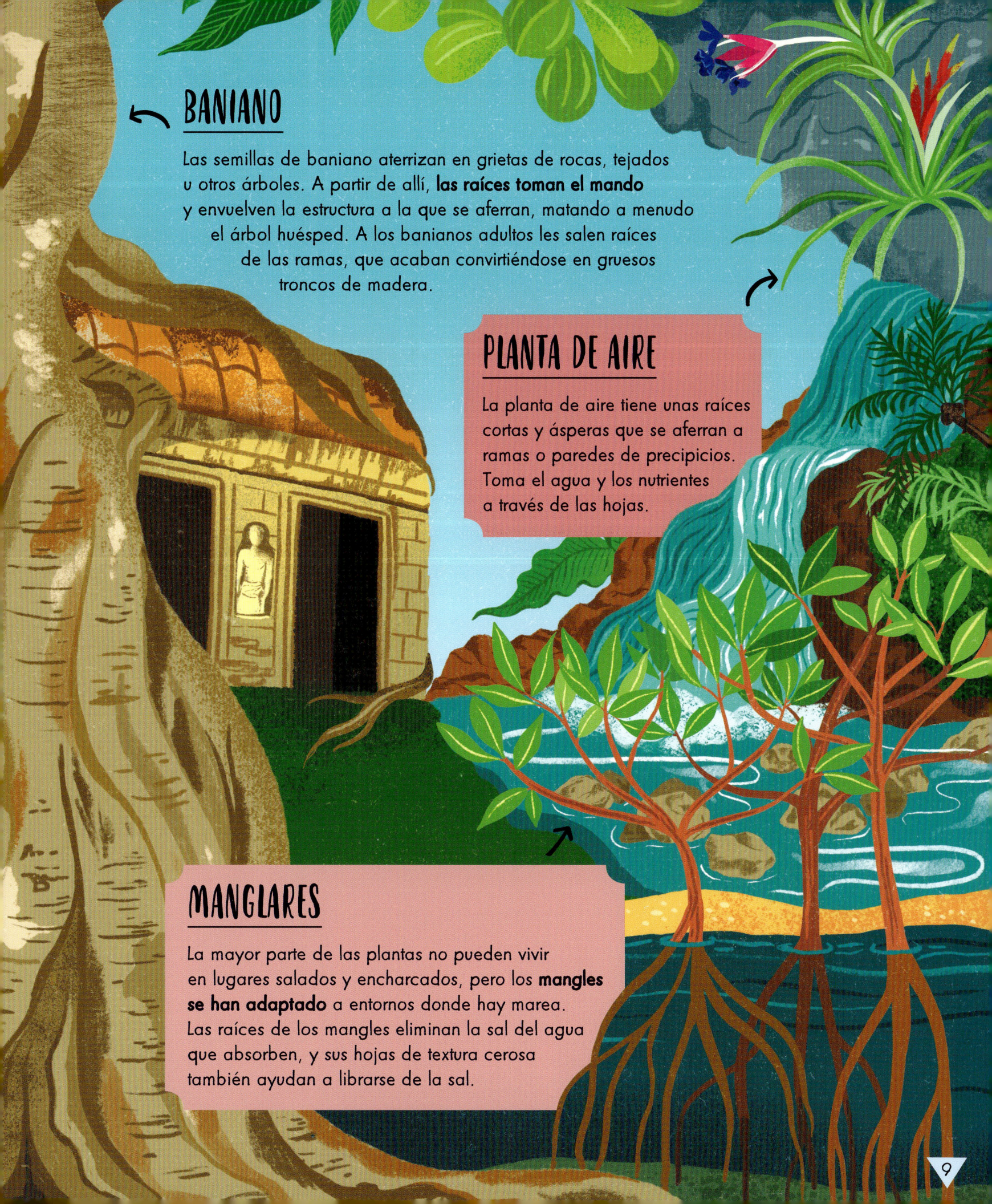

BANIANO

Las semillas de baniano aterrizan en grietas de rocas, tejados u otros árboles. A partir de allí, **las raíces toman el mando** y envuelven la estructura a la que se aferran, matando a menudo el árbol huésped. A los banianos adultos les salen raíces de las ramas, que acaban convirtiéndose en gruesos troncos de madera.

PLANTA DE AIRE

La planta de aire tiene unas raíces cortas y ásperas que se aferran a ramas o paredes de precipicios. Toma el agua y los nutrientes a través de las hojas.

MANGLARES

La mayor parte de las plantas no pueden vivir en lugares salados y encharcados, pero los **mangles se han adaptado** a entornos donde hay marea. Las raíces de los mangles eliminan la sal del agua que absorben, y sus hojas de textura cerosa también ayudan a librarse de la sal.

HOGARES SUBTERRÁNEOS

Muchos animales hacen madrigueras subterráneas para vivir escondidos, a salvo de depredadores, protegidos del calor del sol o del clima frío. Conejos, topos, ardillas terrestres, ratas, zorros y tejones; todos ellos viven en guaridas bajo tierra, al igual que algunas clases de arañas y serpientes, e incluso aves, como el mochuelo de madriguera.

MADRIGUERA DE SURICATAS

Las suricatas son unos mamíferos pequeños y sociables del sur de África. Viven en **grupos de hasta cincuenta individuos**.

Las suricatas abandonan la madriguera durante el día para buscar comida. Se alimentan de pequeños mamíferos y reptiles, huevos, frutos, insectos, arañas y escorpiones. Las suricatas adultas son **inmunes a la picadura del escorpión** y, de hecho, ayudan a las más pequeñas a retirarse el aguijón si las pican.

Algunas suricatas se quedan en la madriguera **para proteger a las crías** recién nacidas de los depredadores y de los grupos de suricatas rivales.

Esta madriguera pertenecía a una **ardilla terrestre**.

Las suricatas tienen unas garras muy largas y afiladas para cavar, pero no suelen excavar sus propias madrigueras: **ocupan las de otros animales, o a veces las comparten con ellos.**

Una madriguera puede tener **cinco metros de largo y dos de profundidad,** con muchas estancias distintas, túneles y entradas.

Mientras un grupo de suricatas busca comida o cuida de las crías, otras buscan lugares altos y se ponen a dos patas para vigilar. En caso de ver algún depredador, como una serpiente, un chacal o un águila, avisan a las demás.

DEBAJO DE UNA CIUDAD

Las ciudades están llenas de personas y grandes edificios impresionantes, pero lo que hay debajo de ellas ¡es más interesante todavía!

Los edificios con muchas plantas se elevan hacia arriba, pero las ciudades también crecen hacia abajo, porque se crean nuevos pisos subterráneos para aparcamientos, centros comerciales y viviendas.

Algunas ciudades tienen catacumbas, o cementerios subterráneos, bajo sus calles. Las catacumbas de París, en Francia, ¡contienen los huesos de seis millones de personas!

Debajo de la Biblioteca Pública de Nueva York hay almacenados ¡cuatro millones de libros!

Bajo las ciudades serpentean trenes abarrotados de gente. El metro de Londres es el ferrocarril subterráneo más antiguo del mundo, y la red de metro de Shanghái, en China, es la más larga: en total suma 831 kilómetros.

A veces, pelotas formadas por aceite, grasa solidificada y basura bloquean el alcantarillado de las ciudades. Se llaman *fatbergs* y pueden llegar a pesar más de cien toneladas! En Londres están usando una **tuneladora enorme** para hacer una red de alcantarillado más eficiente.

Muchas ciudades se han construido sobre antiguos cimientos. Damasco, en Siria, es la ciudad habitada más antigua del mundo; ¡tiene al menos unos **10000 años!** Debajo de ella se ha encontrado cantidad de objetos arqueológicos muy valiosos.

FATBERG

Cuando los habitantes de las ciudades tiran de la cadena, las aguas residuales recorren **kilómetros de túneles** hasta llegar a las estaciones depuradoras, donde son tratadas.

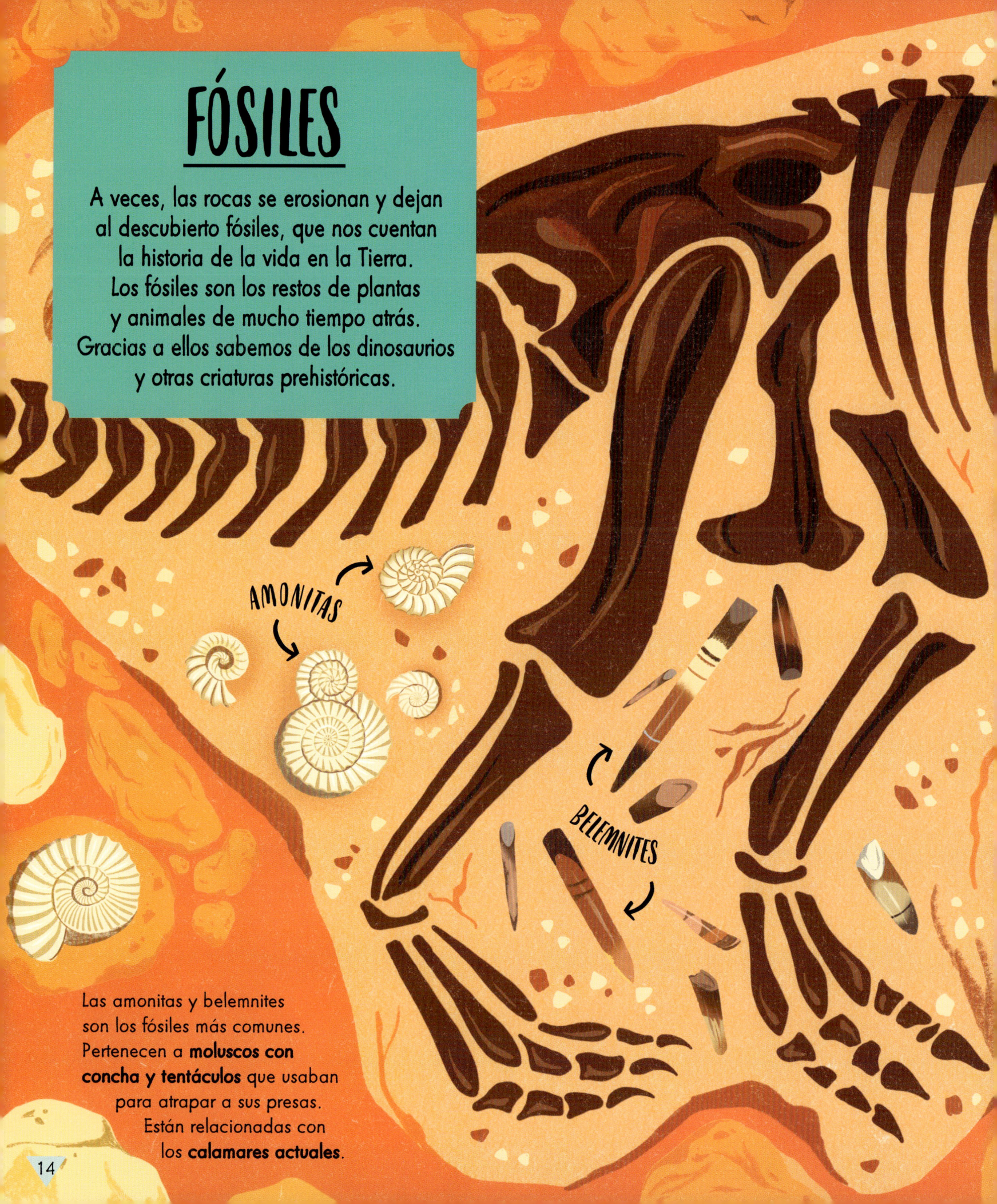

FÓSILES

A veces, las rocas se erosionan y dejan
al descubierto fósiles, que nos cuentan
la historia de la vida en la Tierra.
Los fósiles son los restos de plantas
y animales de mucho tiempo atrás.
Gracias a ellos sabemos de los dinosaurios
y otras criaturas prehistóricas.

AMONITAS

BELEMNITES

Las amonitas y belemnites
son los fósiles más comunes.
Pertenecen a **moluscos con
concha y tentáculos** que usaban
para atrapar a sus presas.
Están relacionadas con
los **calamares actuales**.

FÓSIL DE T. REX

Probablemente, el tiranosaurio rex sea el dinosaurio más famoso de todos: fue uno de los dinosaurios carnívoros de mayor tamaño que existieron. El fósil de T. rex más grande descubierto hasta la fecha se conoce como **Scotty** y tiene **13 metros de largo**, ¡más que un autobús! Estos dinosaurios vivieron en lo que ahora es Norteamérica hace entre 66 y 68 millones de años.

No todos los fósiles se encuentran hundidos en el suelo. A veces las **paredes de los precipicios** se erosionan y dejan fósiles a la vista. Además, como la superficie de la Tierra ha cambiado mucho a lo largo de millones de años, los fósiles de criaturas marinas pueden aparecer **¡en la cima de las montañas!**

PLANTAS FOSILIZADAS

FORMACIÓN DE FÓSILES

La mayoría de las plantas y los animales muertos se descomponen. Pero algunos quedan enterrados en arena o barro, quizá en el fondo de un río, y allí se conservan. A lo largo de millones de años, el cuerpo del animal se desintegra y es sustituido por minerales. Estos mantienen la forma del esqueleto de la criatura, su caparazón o los dientes; a veces, otras partes del cuerpo se convierten en piedra.

15

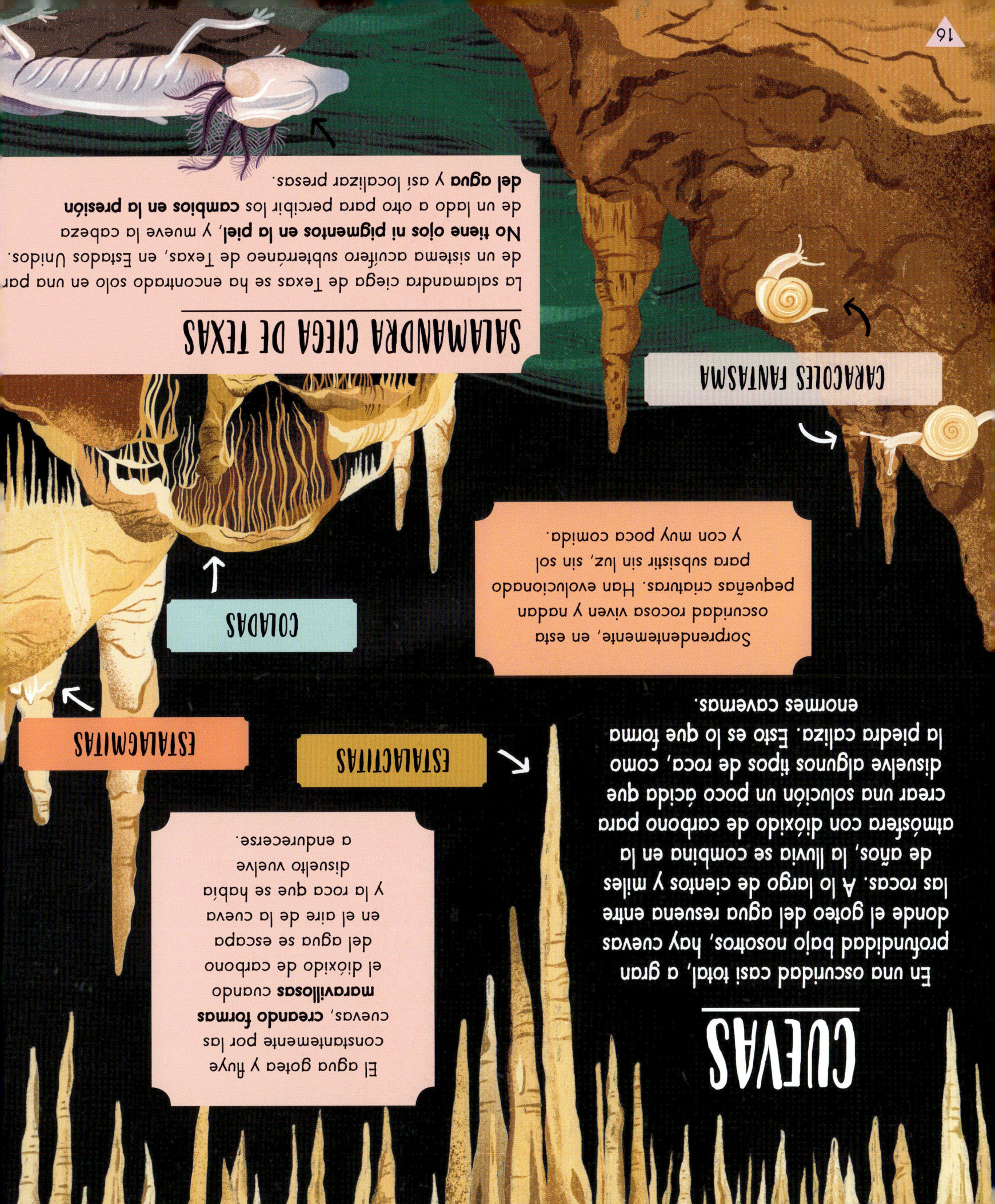

SALAMANDRA CIEGA DE TEXAS

La salamandra ciega de Texas se ha encontrado solo en una parte de un sistema acuífero subterráneo de Texas, en Estados Unidos. **No tiene ojos ni pigmentos en la piel**, y mueve la cabeza de un lado a otro para percibir los **cambios en la presión del agua** y así localizar presas.

CARACOLES FANTASMA

COLADAS

Sorprendentemente, en esta oscuridad rocosa viven y nadan pequeñas criaturas. Han evolucionado para subsistir sin luz, sin sol y con muy poca comida.

ESTALAGMITAS

ESTALACTITAS

El agua gotea y fluye constantemente por las cuevas, **creando formas maravillosas** cuando el dióxido de carbono del agua se escapa en el aire de la cueva y la roca que se había disuelto vuelve a endurecerse.

CUEVAS

En una oscuridad casi total, a gran profundidad bajo nosotros, hay cuevas donde el goteo del agua resuena entre las rocas. A lo largo de cientos y miles de años, la lluvia se combina con la atmósfera con dióxido de carbono para crear una solución un poco ácida que disuelve algunos tipos de roca, como la piedra caliza. Esto es lo que forma enormes cavernas.

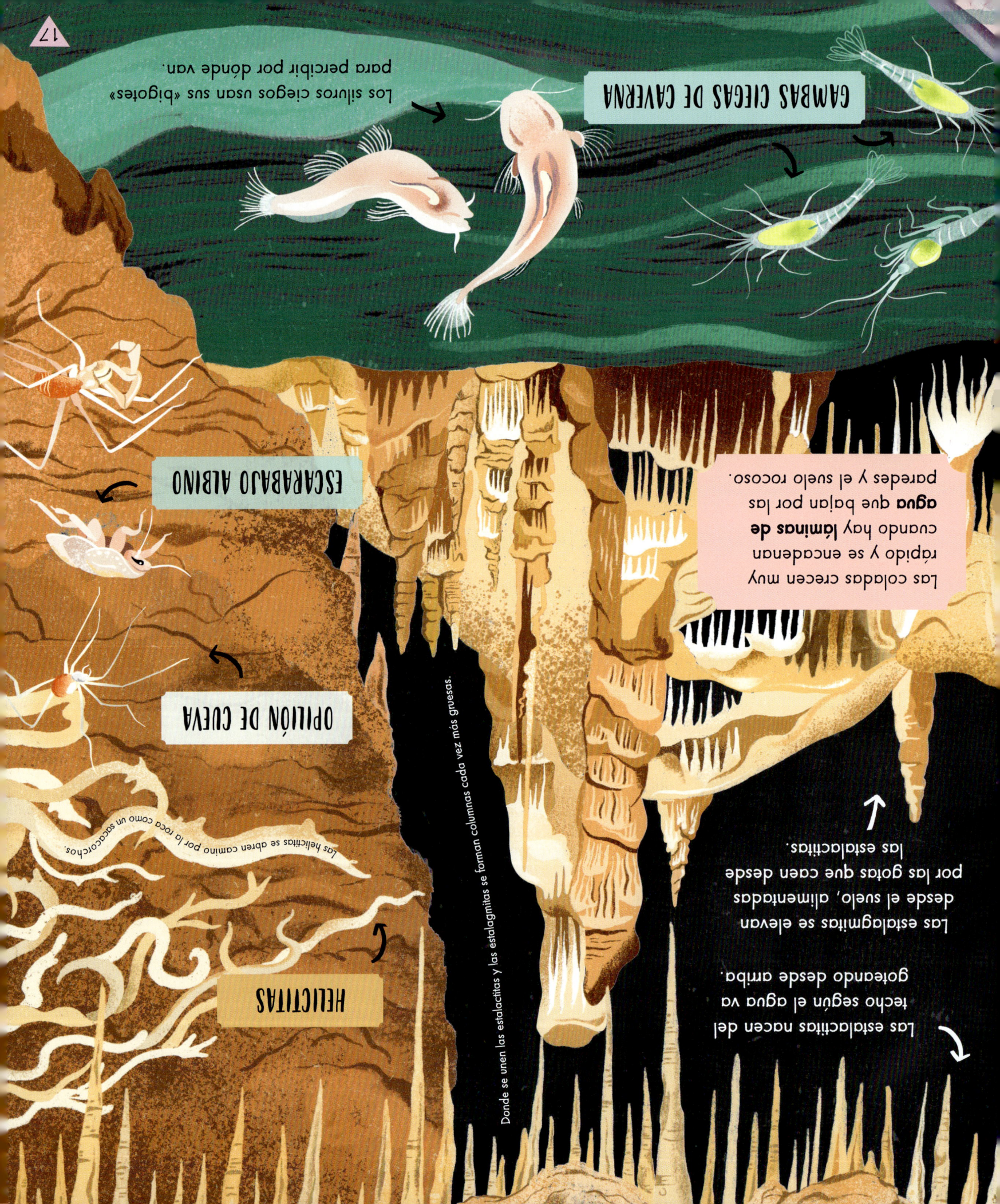

CAMBAS CIEGAS DE CAVERNA

Los siluros ciegos usan sus «bigotes» para percibir por dónde van.

ESCARABAJO ALBINO

OPILIÓN DE CUEVA

HELICTITAS

Las coladas crecen muy rápido y se encadenan cuando hay **láminas de agua** que bajan por las paredes y el suelo rocoso.

Las helictitas se abren camino por la roca como un sacacorchos.

Donde se unen las estalactitas y las estalagmitas se forman columnas cada vez más gruesas.

Las estalactitas nacen del techo según el agua va goteando desde arriba.

Las estalagmitas se elevan desde el suelo, alimentadas por las gotas que caen desde las estalactitas.

DENTRO DE UN VOLCÁN

Cuando un volcán entra en erupción, desde el interior del planeta brotan magma, gas y cenizas ardientes que se abren paso con un estallido a través de la corteza terrestre.

La explosión de un volcán produce un ruido ensordecedor. En 1883, la erupción del Krakatoa se oyó ¡a 4800 kilómetros de distancia!

COLUMNA ERUPTIVA

En una erupción se pueden formar nubes de ceniza volcánica muy peligrosa, compuesta por fragmentos pequeñitos y puntiagudos de roca y de cristal.

MAGMA

Al magma se le llama lava cuando sale a la superficie de la Tierra. Está **muchísimo más caliente que el agua hirviendo**. Algunas veces es líquido y fluye como si fuera un jarabe, y otras es más denso, como la papilla. La lava más densa atrapa los gases, lo que provoca **erupciones explosivas**.

CRÁTER

El cono de un volcán se ha ido formando con lava y cenizas de erupciones anterior.

BOMBAS VOLCÁNICAS

Las bombas volcánicas, o bombas de lava, son trozos de roca fundida que salen volando del cráter; algunas son **tan pequeñas como una pelota de tenis**, pero otras son **tan grandes como casas**.

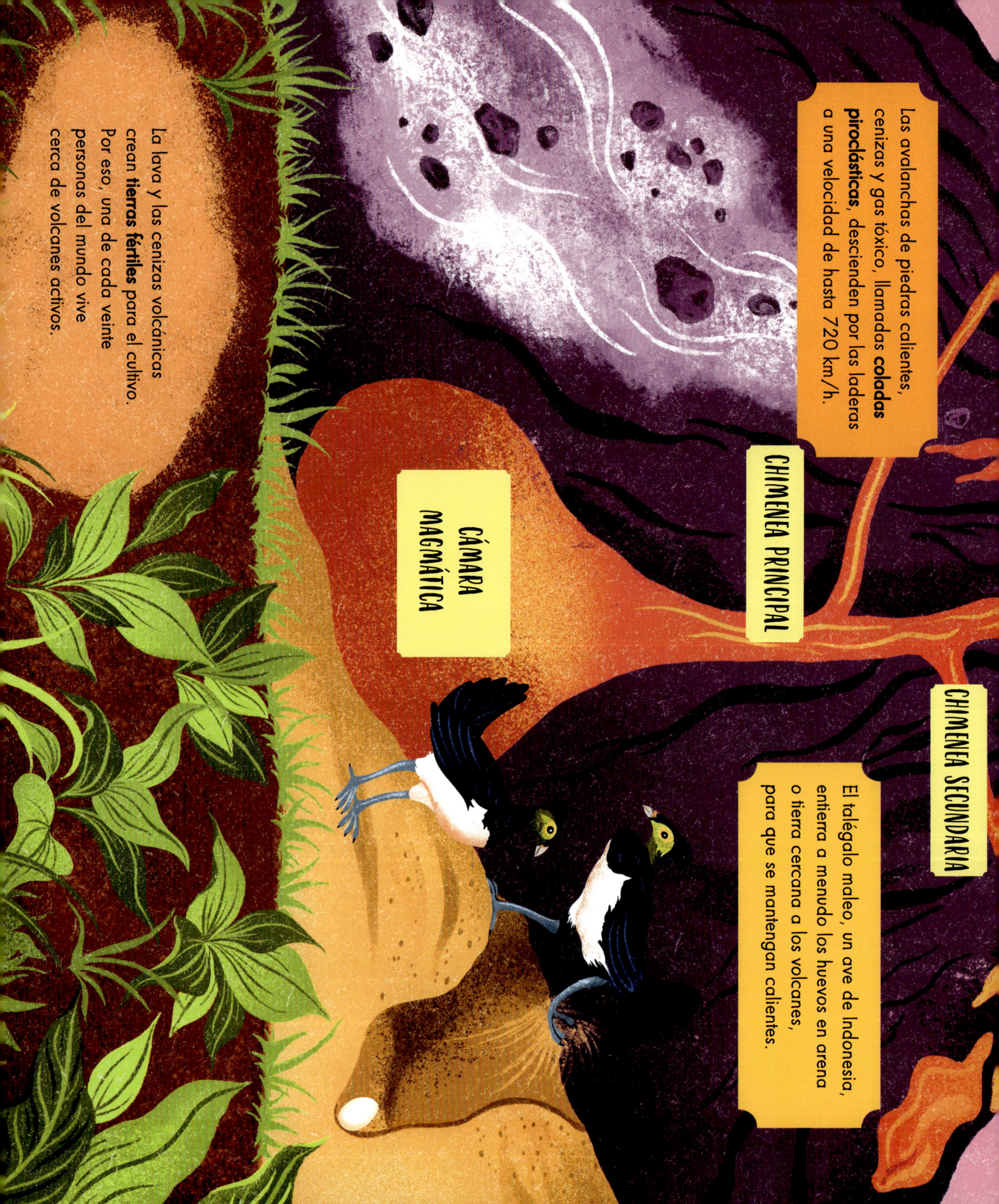

Las avalanchas de piedras calientes, cenizas y gas tóxico, llamadas **coladas piroclásticas**, descienden por las laderas a una velocidad de hasta 720 km/h.

La lava y las cenizas volcánicas crean **tierras fértiles** para el cultivo. Por eso, una de cada veinte personas del mundo vive cerca de volcanes activos.

CÁMARA MAGMÁTICA

CHIMENEA PRINCIPAL

CHIMENEA SECUNDARIA

El talégalo maleo, un ave de Indonesia, entierra a menudo los huevos en arena o tierra cercana a los volcanes, para que se mantengan calientes.

FUMAROLAS HIDROTERMALES SUBMARINAS

En el lecho marino, mucho más allá de la superficie del océano, se alzan grandes estructuras que expulsan agua muy caliente, llena de sustancias químicas. Allí se crean zonas aisladas donde viven extrañas criaturas marinas.

A unos 2600 metros de profundidad, los respiraderos hidrotermales se forman a lo largo de las crestas donde las placas tectónicas se separan. De **entre las grietas** de las rocas del lecho marino brota agua rica en minerales, **calentada** por la roca fundida que hay debajo de la corteza terrestre.

Los respiraderos submarinos más espectaculares se conocen como **fumarolas negras**. El agua que sale a borbotones por ellas está **extremadamente caliente**, y tiene altos niveles de **sulfuro**. Cuando las sustancias químicas se enfrían y se vuelven sólidas, ¡crean chimeneas que pueden alcanzar los **55 metros** de altura!

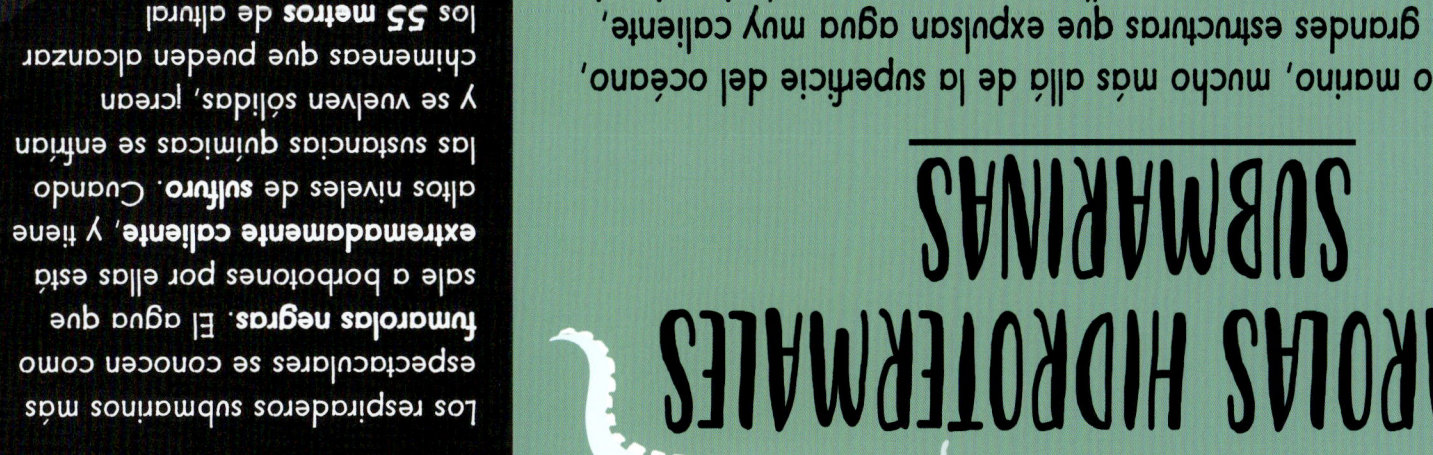

CANGREJO DE FUMAROLA

CANGREJO YETI

MEJILLONES DE LAS PROFUNDIDADES

CAMARONES DE FUMAROLAS HIDROTERMALES

Unas criaturas muy extrañas son los gusanos de tubo gigantes. Su cuerpo está encapsulado en **largos tubos blancos** que pueden llegar a medir **más de dos metros**. Los gusanos obtienen su alimento a través de los **billones de bacterias** en su cuerpo, que se nutren de las sustancias químicas del agua.

PULPO DE RESPIRADERO SUBMARINO

GUSANOS DE TUBO GIGANTES

El agua que rodea las fumarolas está muy fría debido a la profundidad, pero los respiraderos hidrotermales pueden alcanzar los **400 °C**. A pesar de esas temperaturas tan extremas, la intensa presión y la falta de luz, alrededor de estos lugares submarinos **hay mucha vida**.

ESTAUROMEDUSAS DE FUENTES HIDROTERMALES

En tierra también hay respiraderos hidrotermales. Entre ellos se incluyen las **aguas termales** y los **géiseres**, que lanzan agua hirviendo a través de grietas en el suelo.

BAJO EL MAR

El agua cubre más del 70 % de la superficie de nuestro planeta. Debajo hay montañas, volcanes, cañones, acantilados y llanuras. Algunas partes del océano tienen kilómetros de profundidad.

Las praderas de algas son hogar de los caballitos de mar.

ZONA FÓTICA

La mayoría de animales y plantas están cerca de la superficie, donde hay luz y calidez.

ZONA MESOPELÁGICA

La luz empieza a desaparecer; aquí no hay plantas y viven menos animales.

ORCA

Los peces linterna brillan en la oscuridad gracias a la bioluminiscencia: **la luz que genera su propio cuerpo.**

CANGREJO GIGANTE JAPONÉS

Los huecos y las grietas de los **arrecifes tropicales** son el hogar perfecto para innumerables peces y otros seres vivos.

El pez con colmillos largos busca plantas y animales muertos y en descomposición que caen al fondo del mar.

El calamar gigante, de hasta 13 metros de longitud y una tonelada de peso, es presa de los cachalotes, que son capaces de sumergirse a mucha profundidad.

CALAMAR GIGANTE

ZONA ABISAL

Aquí el agua tiene mucha sal y está casi congelada. La presión es mil veces mayor que al nivel del mar.

Los pequeños pulpos Dumbo nadan moviendo unas aletas que parecen orejas.

Algunos crustáceos diminutos, esponjas carnívoras y pepinos de mar afrontan las heladas aguas y la inmensa presión.

ZONA BATIAL

El agua está más fría y completamente oscura.

El engullidor negro tiene un estómago extensible, lo que resulta muy útil cuando escasean las presas.

Los lofiformes son unos peces que atraen a sus presas con una especie de antena bioluminiscente.

ESPONJAS MARINAS

UN PLANETA ROCOSO

La corteza exterior de nuestro planeta está compuesta por cientos de tipos distintos de roca. Se originan dentro de volcanes, debajo del agua y de la tierra, pero todas están formadas por uno o más minerales: las sustancias naturales que no son animales o plantas.
Las rocas se dividen en tres grandes grupos.

ROCA SEDIMENTARIA

La **roca sedimentaria** está hecha de minúsculos fragmentos de roca arrastrados a los mares, lagos y ríos.
Esos fragmentos, depositados en el fondo, **se van uniendo** entre sí a lo largo de millones de años hasta formar roca sólida. Las rocas sedimentarias también se pueden formar con los restos de plantas y animales muertos. Un tipo de roca sedimentaria es la arenisca. En las rocas sedimentarias es **donde encontramos fósiles.**

Plantas y animales muertos.

Formación de capas de sedimento.

Las capas del fondo se transforman en roca.

ROCA ÍGNEA

La **roca ígnea** se forma cuando la roca caliente y líquida del interior de la Tierra, el magma, se enfría y endurece. Eso puede suceder cuando los **volcanes expulsan lava** o cuando se filtra hasta el exterior desde zonas subterráneas. El granito es un tipo de roca ígnea.

La temperatura y la presión aumentan conforme se desciende.

ROCA METAMÓRFICA

La **enorme presión** que existe dentro de la corteza terrestre transforma las rocas sedimentarias e ígneas en nuevas **rocas metamórficas**. Bajo tierra, la roca se calienta y se comprime. El mármol y la pizarra son rocas metamórficas.

Las rocas caen al océano.

Las rocas se forman a lo largo de millones de años en un **proceso ininterrumpido**. Las rocas se pueden ir erosionando y fragmentando, y al final se transformarán en rocas sedimentarias. O pueden acabar enterradas a gran profundidad hasta que se fundan con el magma y después volver a la superficie como rocas ígneas.

MAGMA

La corteza está situada sobre
el manto terrestre, que son casi 3 000 kilómetros de roca
muy caliente llamada **magma**. En ocasiones, el magma se funde
y sale a través de la corteza con una explosión, originando así
volcanes, tanto en tierra como en el mar.

La corteza tiene un grosor de entre **30 y 70 kilómetros**
debajo de los continentes, y de entre 6 y 12 kilómetros
debajo de los profundos océanos. Eso es muy poco
en relación con el volumen de la Tierra:
si nuestro planeta fuera una manzana, la corteza
sería incluso más fina que la piel de la fruta.

MAGMA

CORTEZA OCEÁNICA

VOLCÁN SUBMARINO

LA CORTEZA TERRESTRE

Cuando miramos al suelo, lo que vemos es la corteza terrestre:
una capa de roca sólida. Encima de esa capa puede haber
arena, sedimentos, tierra o agua.

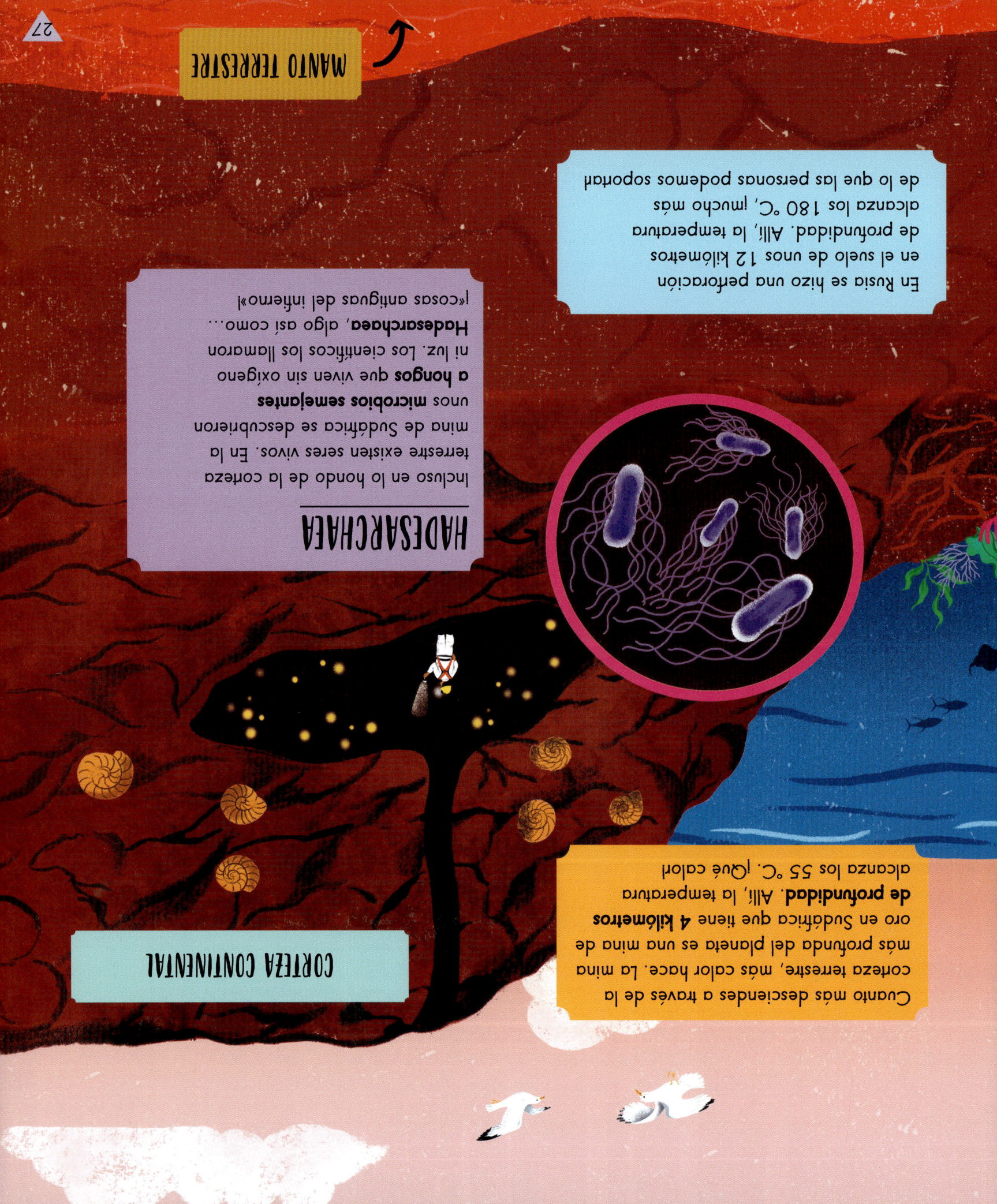

MANTO TERRESTRE

En Rusia se hizo una perforación en el suelo de unos 12 kilómetros **de profundidad**. Allí, la temperatura alcanza los 180 °C, ¡mucho más de lo que las personas podemos soportar!

HADESARCHAEA

Incluso en lo hondo de la corteza terrestre existen seres vivos. En la mina de Sudáfrica se descubrieron unos **microbios semejantes a hongos** que viven sin oxígeno ni luz. Los científicos los llamaron **Hadesarchaea**, algo así como... ¡«cosas antiguas del infierno»!

CORTEZA CONTINENTAL

Cuanto más desciendes a través de la corteza terrestre, más calor hace. La mina más profunda del planeta es una mina de oro en Sudáfrica que tiene **4 kilómetros de profundidad**. Allí, la temperatura alcanza los 55 °C. ¡Qué calor!

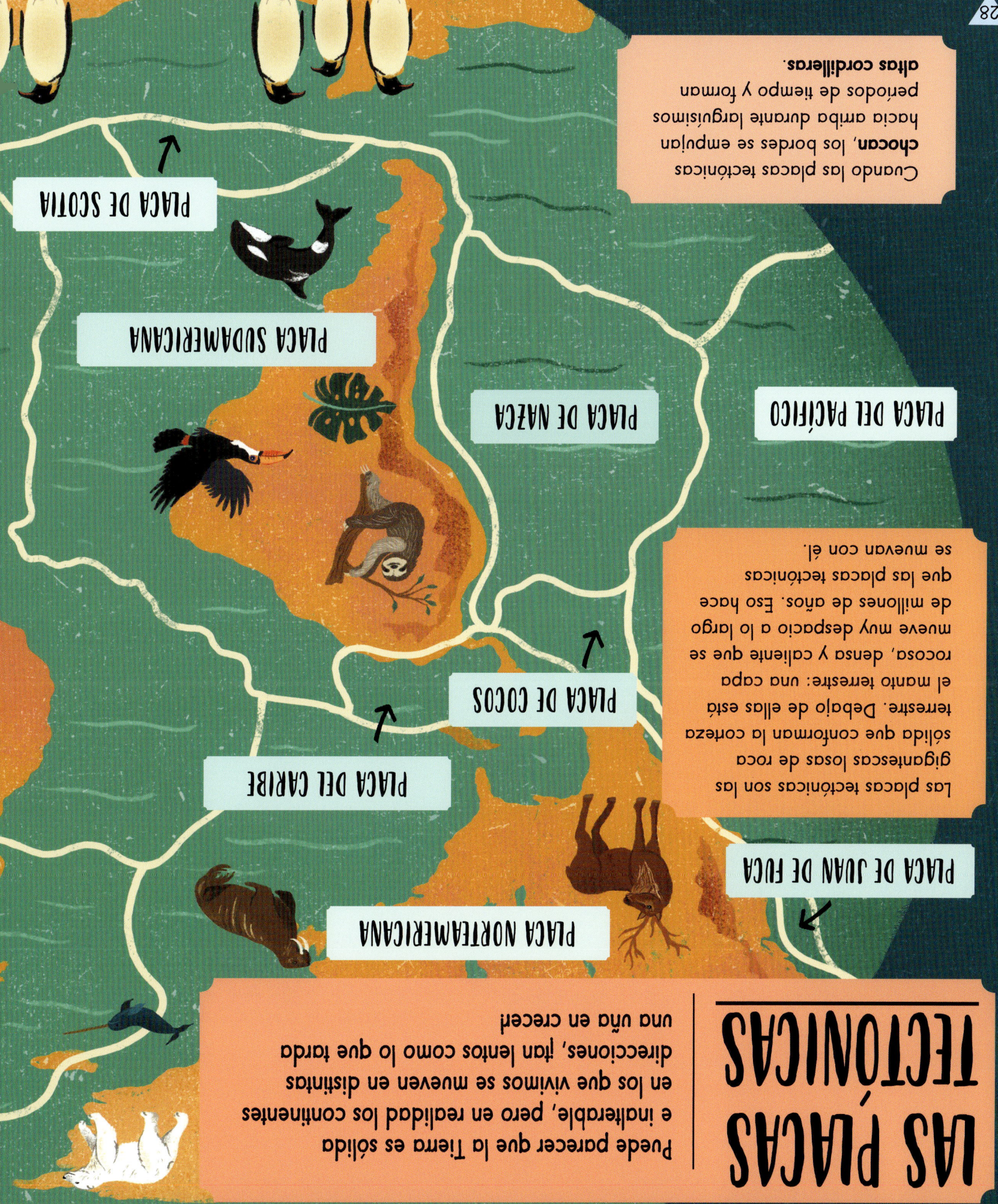

LAS PLACAS TECTÓNICAS

Puede parecer que la Tierra es sólida e inalterable, pero en realidad los continentes en los que vivimos se mueven en distintas direcciones, ¡tan lentos como lo que tarda una uña en crecer!

Las placas tectónicas son las gigantescas losas de roca sólida que conforman la corteza terrestre. Debajo de ellas está el manto terrestre: una capa rocosa, densa y caliente que se mueve muy despacio a lo largo de millones de años. Eso hace que las placas tectónicas se muevan con él.

Cuando las placas tectónicas **chocan**, los bordes se empujan hacia arriba durante larguísimos períodos de tiempo y forman **altas cordilleras**.

PLACA DE SCOTIA

PLACA SUDAMERICANA

PLACA DE NAZCA

PLACA DEL PACÍFICO

PLACA DE COCOS

PLACA DEL CARIBE

PLACA DE JUAN DE FUCA

PLACA NORTEAMERICANA

PLACA ANTÁRTICA

Conforme las placas tectónicas se van separando, chocan entre sí o se deslizan unas junto a otras, van **dando nuevas formas** a la superficie de la Tierra.

PLACA INDOAUSTRALIANA

PLACA AFRICANA

PLACA FILIPINA

PLACA ARÁBIGA

PLACA DEL PACÍFICO

PLACA EUROASIÁTICA

Cuando las placas tectónicas se tocan, la presión aumenta. Esta es la causa de la mayoría de terremotos. Los terremotos submarinos pueden originar una ola gigantesca llamada **tsunami o maremoto.**

EL ESCUDO MAGNÉTICO

El movimiento del hierro fundido del núcleo de la Tierra genera **corrientes eléctricas**. Luego, como la Tierra gira sobre su eje, estas corrientes eléctricas **se transforman en un campo magnético**.

El campo magnético forma una barrera alrededor de la Tierra, que nos protege de la dañina radiación cósmica del Sol. Eso es lo que hace posible la vida en el planeta.

RADIACIÓN SOLAR

EL NÚCLEO DE LA TIERRA

En lo más profundo de la Tierra trabajan las fuerzas que posibilitan que todos los seres vivos podamos vivir y prosperar. No podemos viajar al centro de nuestro planeta, ni siquiera verlo en una fotografía; pero podemos formamos una imagen de su interior gracias a los sismógrafos, que registran las ondas sísmicas de los terremotos.

¡AHORA DALE LA VUELTA AL LIBRO
Y MIRA LO QUE HAY ARRIBA!

EL NÚCLEO INTERNO

El núcleo interno de la Tierra es tan grande como tres cuartas partes de la Luna, y es prácticamente hierro puro. Está incluso más caliente que el núcleo externo, pero permanece en estado sólido debido a la presión que recibe.

EL MANTO

El manto es una capa de roca muy caliente.

EL NÚCLEO EXTERNO

El núcleo externo está compuesto de hierro y níquel. En él hace tantísimo calor que los metales se han fundido y son tan líquidos como el agua. Alcanza temperaturas de hasta 6000 °C; está casi tan caliente como la superficie del Sol.